Wolfgang Hinz

Ulm's Geschichte

Wolfgang Hinz

Ulm's Geschichte

Illustriert von Sieger Köder

Text Wolfgang Hinz
Illustrationen Sieger Köder
Satz typofilm ulm, rudi rampf gmbh
Druck + Bindung Franz Spiegel Buch GmbH, Ulm

ISBN 3-923430-08-6

Vorwort

Die Geschichte der Stadt Ulm, einer traditionsbewußten und mit Geschichte, Kunst und Kultur eng verknüpften ehemaligen Pfalz und freien Reichsstadt läßt sich nicht auf wenigen Seiten darstellen. Zu umfangreich sind die Ereignisse und Entwicklungen, die Ulm im Verlauf der Jahrhunderte geformt und geprägt haben.

So stellt dieses Büchlein nur den Versuch dar, sich mit der Geschichte der Stadt zu befassen und einige der wichtigsten Daten zu behandeln. Sollte es gelingen, beim Leser das Interesse für die Geschichte der Stadt zu erwecken und eine Vertiefung der Information durch andere ausführliche Literatur zu erreichen, so würde mich dies, im Interesse unserer Heimatstadt, freuen.

Der besondere Reiz dieses Büchleins liegt aber in seinen Illustrationen, mit viel Sachkenntnis von Pfarrer Sieger Köder in seiner unverkennbaren Manier angefertigt. Treffsicher werden nicht nur wichtige Ereignisse gezeigt, sondern auch für die Stadtentwicklung sicherlich unbedeutende, für den Leser jedoch erfrischende Ereignisse karrikiert.

Wolfgang Hinz

Inhalt

Geologischer Ursprung der Landschaft um Ulm

Die Landschaft um Ulm erhielt in der Eiszeit ihre Form. Die Alb hatte sich aus dem Jurameer gebildet. Aus ihr floß, über dem heutigen Blautal, die Donau. Erst in der Rißeiszeit folgte sie dem kürzeren Weg an der Alb entlang unterhalb des Hochsträsses. Die Gegend südlich der Donau wurde durch verschiedene Gletscher der Eiszeiten gebildet. Von einer kleinen Erhöhung an dem Einfluß der Blau in die Donau nahm die Stadt Ulm ihren Ausgangspunkt. Heute umfaßt das Stadtgebiet eine Gesamtfläche von 11 873 ha.

Juli 854
Erste urkundliche Erwähnung Ulms

Ulm wird 854 erstmals in einer Urkunde König Ludwigs des Deutschen erwähnt. Die Gebäude der Pfalz befanden sich auf dem heutigen Weinhof. Von der genauen Lage der Gebäude sind nur noch diejenige der Kapelle bekannt.

1134
Zerstörung der Kaiserpfalz

Die Staufer bauten Ulm zu einem Hauptstützpunkt ihres Machtgebiets aus.
1134 wurden die staufischen Brüder Friedrich und Konrad in Ulm von dem Welfenherzog Heinrich dem Stolzen von Bayern in einem Erbschaftskrieg besiegt. Die Kaiserpfalz wurde dabei bis auf die Pfarrkirche vollständig zerstört.

Um 1140
Wiederaufbau der Pfalz

König Konrad III. erkannte die bedeutende Lage der Pfalz und begann um 1140 mit deren Wiederaufbau.
Die Befestigungsanlagen der Pfalz wurden dabei verstärkt und die umliegende Siedlung in die Anlage mit einbezogen. Drei Tore, im Westen das Löwentor, im Norden das Leonhardstor, im Südwesten das Schützentor sowie eine Brücke über die Donau öffneten den Markt- und Handelsplatz in die Hauptverkehrsrichtungen. Zahlreiche, in Ulm abgehaltene Hoftage lassen die Bedeutung der Pfalz erkennen.

1165
Verleihung des Stadtrechts

Mit dem erweiterten Wiederaufbau der Pfalz veränderte sich auch die Struktur der Bevölkerung und der Wirtschaft.
Die königliche Pfalz stellte einen eigenen geschlossenen Wirtschaftskreis dar. Die Erträge der Landwirtschaft wurden weitgehend selbst verbraucht oder für Kriegszüge aufbewahrt. Es gab nur wenige Handwerker, ansässige Kaufleute so gut wie keine.

Mit dem Wiederaufbau veränderte sich diese Struktur. Man begann mit der Produktion von Waren die auch außerhalb des eigenen Wohnraums abgesetzt werden konnten. Händler und Kaufleute übernahmen von Ulm aus die Verteilung der Waren und brachten im Austausch andere Güter mit nach Ulm.

Es entwickelte sich der »Markt« in Ulm.

Bereits um 1164, erneuert 1191, erhielten Ulmer Kaufleute neben den Kaufleuten von Regensburg, Aachen und Köln von Marktgraf Ottokar III. von der Steiermark bestimmte Privilegien für den Markt in Enns, einem der bedeutendsten Umschlagplätze für Eisen im süddeutschen Raum. Aus der durch »Mauer und Graben« geschützten Ansiedlung um die Kaiserpfalz entwickelte sich innerhalb kürzester Zeit eine selbstbewußte Stadt mit Bürgern, selbständigen Handwerkern und Kaufleuten. 1181 wurde bereits von der Bürgerschaft gesprochen und ein Stadtsiegel von 1244 enthält die Bezeichnung Siegel der Bürger von Ulm. Die Stadtwerdung war damit rein äußerlich abgeschlossen. Formal erhielt Ulm von Friedrich Barbarossa 1165 das Marktrecht verliehen, das der Ernennung zur Stadt gleichkommt. Dieses Recht erneuerte Rudolf von Habsburg 1274 und konnte Ulm bis zum Ende seiner Reichsfreiheit 1802 erhalten bleiben.

Märkte in Ulm

Brotmarkt

An der Stelle des 1537 erbauten Schuhhauses stand das Brothaus, in dem die Bäcker ihr Brot verkauften. Nach dem Bau des Schuhhauses, das anderen Zwecken diente, verlagerte sich der Brotverkauf auf den nahegelegenen Judenhof.
Der Brotmarkt fand sein Ende als die Bäcker ihr Brot in Läden innerhalb ihrer Häuser verkaufen durften.

Eisen und Salz

Nordwestlich vom Rathaus stand von 1380 bis 1853 das Zoll- und Lagerhaus für Eisen und Salz, die »Grät«.
Nach dem Bau des Salzstadels 1592 verlagerte sich der Salzhandel dorthin.

Fleisch und Wurst

Im Erdgeschoß des 1370 erbauten Kaufhauses, heute Rathaus, verkauften die Metzger ihre Waren. Sie bewohnten das Gebiet zwischen Rathaus und Stadtmauer Unter der Metzig. Das Schlachthaus lag bis zum Bau des Stadtbades unmittelbar hinter dem Metzgerturm.

Gemüsemarkt

Im 14. und 15. Jahrhundert fand der Gemüsemarkt auf dem Grünen Hof statt. Nach 1529 als die Barfüßermönche Ulm wegen der Reformation verlassen mußten, verlegte man den Gemüsemarkt in den Garten des Klosters. Von hier aus wurde er 1807 auf den ganzen südlichen Münsterplatz ausgeweitet.

Holzmarkt

Durch die günstige Lage an Iller und Donau war der Holzhandel in Ulm einer der bedeutendsten Handelszweige. Der Verkauf wurde unmittelbar an der Donau oberhalb der Herdbrücke auf Neu-Ulmer Seite abgewickelt.

1183
Gründung des ersten Ulmer Klosters

In Blaubeuren (1085), Wiblingen (1093) und Elchingen (1128) befanden sich bereits Klöster, als 1183 das Augustiner-Chorherrenstift am Michelsberg gegründet wurde. Über die »Blauinsel zu Wengen«, wohin es 1215 umsiedelte, kam es dann 1376 innerhalb der Ulmer Stadtmauern und behielt den Namen Wengenkloster. 1237 entstand auf dem Gries ein Klarissenkloster , das aber wegen ungünstiger Lage 1258 nach Söflingen verlegt wurde. Bereits vorher (1229) war das Franziskaner- oder Barfüßerkloster gegründet worden.

20. April 1316
Vertreibung der Bayern aus Ulm

Im Jahre 1316 wurden zwei deutsche Könige gewählt: Friedrich der Schöne von Österreich und Ludwig der Bayer. Die Verhältnisse im damaligen Ulm sahen auf der einen Seite die Patrizier, die in Ulm herrschten und zu den Habsburgern hielten, auf der anderen Seite die Zünfte, die mehr zu Ludwig dem Bayer tendierten. In der Nacht vom 20. April drangen die Bayern unter Leitung eines Ulmer Bürgers in Ulm ein und versuchten, es zu besetzen. Den Ulmer Bürgern gelang es jedoch, unter Führung des Grafen Ulrich von Schelklingen und Burghart von Ellersbach (Erbach), die Bayern wieder zu vertreiben.

1316
Die Stadt wird ausgebaut

In diesem Jahr beginnt die Stadt mit der Erweiterung und dem Ausbau ihres Gebietes und den Befestigungen, die bis ins 19. Jahrhundert die Größe der Stadt bestimmten. Die zwischen 4000 und 7000 Einwohner zählende Stadt plante und erweiterte ihre Anlagen so, daß bis zu 20 000 Einwohner innerhalb dieser Stadtgrenzen mühelos leben konnten. (Heute sind diese Grenzen – Donau, Friedrich-Ebert-Straße, Heimstraße, Münchner Straße – noch erkennbar).

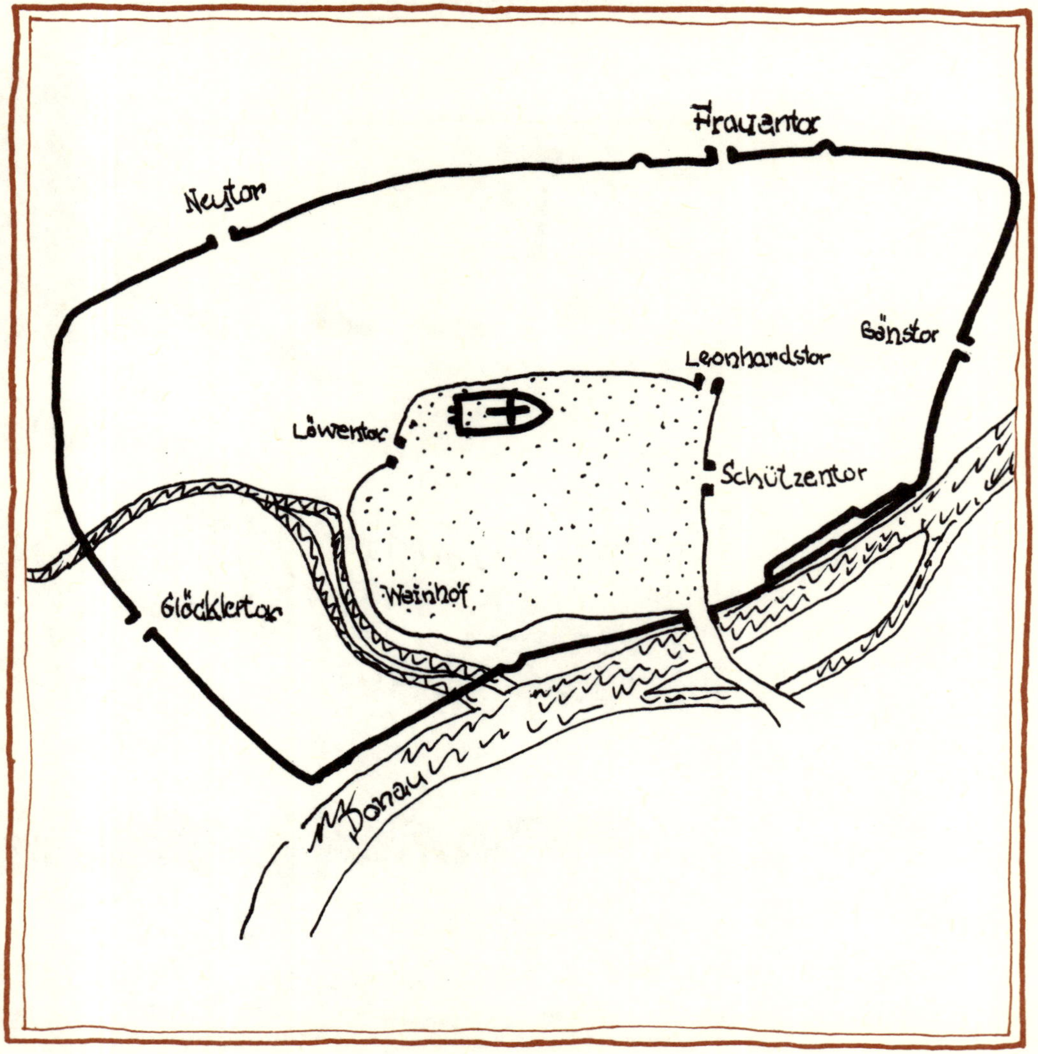

1340
Erstes Wasser-pumpwerk eingerichtet

Neben den Städten Heilbronn und Freiburg verfügte auch Ulm bereits im frühen Mittelalter über ein zentrales Wasserversorgungssystem. 1340 wurde das erste Wasserpumpwerk errichtet. Es ist neben zwei Werken in Lübeck das älteste bekannte Pumpwerk. Über ein Wasserrad, das mit Wasser des Stadtgrabens gespeist wurde, konnte die Pumpe betrieben werden. Dem ersten Pumpwerk folgte bereits 1370 ein weiteres 1553,1584 und 1638 noch drei, so daß Ulm bis zum Bau eines neuen Versorgungssystems 1873 über 5 Pumpwerke verfügte. Diese Werke ergänzten die Wasserversorgung aus der einzigen in Ulm fließenden Quelle »Bei den Röhren« und die vermutlich von den Staufern angelegte alte Wasserleitung mit Wasser einer Quelle im Ruhetal.

In den mittelalterlichen Städten waren Hausanschlüsse selten, lediglich das Recht Wasser in einen Trog im Hof des Hauses zu leiten wurde vereinzelt erteilt. In Ulm jedoch erfolgte durch den Bau von Hausleitungen ein Wasserversorgungssystem im heutigen Sinn. Die Verwaltung unterlag einem Wassergeschworenenausschuß, dem Brunnenmeister und den Brunnenknechten. Die Zuteilungen waren genau festgelegt, ebenso die Gebühren.

Im 17. Jahrhundert bestanden in Ulm 250 Hausanschlüsse und 200 öffentliche Schöpf- und Pumpbrunnen.

Gebäude und Einrichtungen des Seelhausbrunnenwerks sind heute noch erhalten.

1356
Einrichtung einer Münzstätte in Ulm

Die Bedeutung des Spruchs »Ulmer Geld regiert die Welt« liegt nicht nur darin, daß durch den ausgedehnten Handel Ende des 14. Jahrhunderts Ulmer Waren über ganz Europa gehandelt wurden, sondern auch darin, daß Ulm bereits 1254 nachweisbar eigenes Geld prägte. Durch Erlaß Kaiser Karls IV. erhielt Ulm 1356 wieder eine Münzstätte, nachdem durch den Zusammenbruch der Staufischen Macht auch der Münzbetrieb der Reichsstadt zum Erliegen gekommen war. Sie war bis 1802 in Betrieb. 1620 erbaute man im Fischerviertel auf der Insel hierfür eine eigene Münze. Vorher wurden die Münzen im Zeughaus geprägt, davor in einem Haus am Markt. Ulms bekannteste Münzen sind die vier eckigen in Silber und Gold geprägten Kontributionsmünzen von 1704, die aus Zeitgründen nicht mehr ausgestanzt wurden.

25. Jan. 1366
starb der Mystiker Heinrich Seuse (Suso)

Der Dominikanermönch Heinrich Seuse wurde um 1295 in Konstanz geboren. Er studierte in Köln, war danach Seelsorger und Lehrer in Konstanz und kam 1348 nach Ulm. Seine in Ulm verfaßten Schriften waren die meistgelesenen Bücher des späten Mittelalters. Heinrich Seuse starb 1366 in Ulm.

Fresko an der Außenwand der Susokirche am Eselsberg

4. Juli 1376
Schwäbischer Städtebund

Kaiser Karl IV. belegte die freien Reichsstädte mehrfach mit hohen Sondersteuern zur Begleichung seiner Schulden. Auch die Verpfändung der Städte war mehrfach im Gespräch.
Zum Schutz ihrer Freiheit und ihrer Rechte schlossen sich 14 Reichsstädte unter der Führung Ulms zum Schwäbischen Städtebund zusammen.
Daraufhin belegte Karl IV. die Städte mit der Reichsacht und zog selbst mit einem starken Heer zur Unterwerfung der Stadt vor Ulm.
Die gut befestigte Stadt konnte nicht nur der Belagerung standhalten, sondern durch Ausfälle den Kaiser in arge Bedrängnis bringen, was schließlich zum Rückzug des kaiserlichen Heeres führte. Nach einem weiteren Sieg der Städte bei Reutlingen wurde die Reichsacht vom Kaiser 1377 wieder aufgehoben.

30. Juni 1377
Grundsteinlegung zum Ulmer Münster

Ulm stand im 14. Jahrhundert als freie Reichsstadt auf der Höhe ihrer Macht. Handel und Gewerbe blühten und politisch als Führerin des Schwäbischen Städtebundes, mit dem Erfolg der abgewehrten Belagerung Kaiser Karls IV., war Ulm auch erfolgreich. So kann der Entschluß, die vor der Stadt liegende Pfarrkirche innerhalb der Stadtmauern größer und mächtiger wieder aufzubauen, nicht nur unter dem Gesichtspunkt der kriegsbedingten Notwendigkeit gesehen werden, sondern auch zur Unterstreichung des Bürgerwillens und Reichtums der Stadt.
Der Grundstein für die neue Pfarrkirche innerhalb der Stadtmauern wurde in Anwesenheit aller Edlen, des Rates, der Pfarrer und aller Bürger vom Bürgermeister Ludwig Kraft in den dritten Morgenstunden des 30. Juni gelegt. Die ersten Münsterbaumeister waren die Parler aus Gmünd. Ihr Plan sah eine Hallenkirche mit drei gleichen Schiffen und drei halbhohen Türmen vor. Der Chor mit den beiden Chortürmen und das Langhaus wuchsen rasch. 1392 übernahm Ulrich von Ensingen die Bauleitung. Er veränderte die Pläne, erhöhte das Mittelschiff auf 42 Meter und skizzierte erste Gedanken zu einem alles überragenden Turm im Westen. Nach seinem Tod wurde das Werk von Familienangehörigen weitergeführt.

26. März 1397
Großer Schwörbrief

Die Auseinandersetzungen zwischen Patriziern, der herrschenden Schicht, und den Zünften, die um ihre Mitbestimmung kämpften, fand ein vorläufiges Ende durch eine Verfassung, die 1345 aufgestellt wurde (Kleiner Schwörbrief). Diese Verfassung sah u. a. vor, daß dem zukünftigen Rat der Stadt neben Patriziern auch Zunftmitglieder angehören sollten. Erst 1397 wurde mit dem »Großen Schwörbrief« der endgültige Friede und die Verfassung für die folgenden 150 Jahre festgelegt. Dieses Ereignis wird noch heute mit dem »Schwörmontag« feierlich begangen.

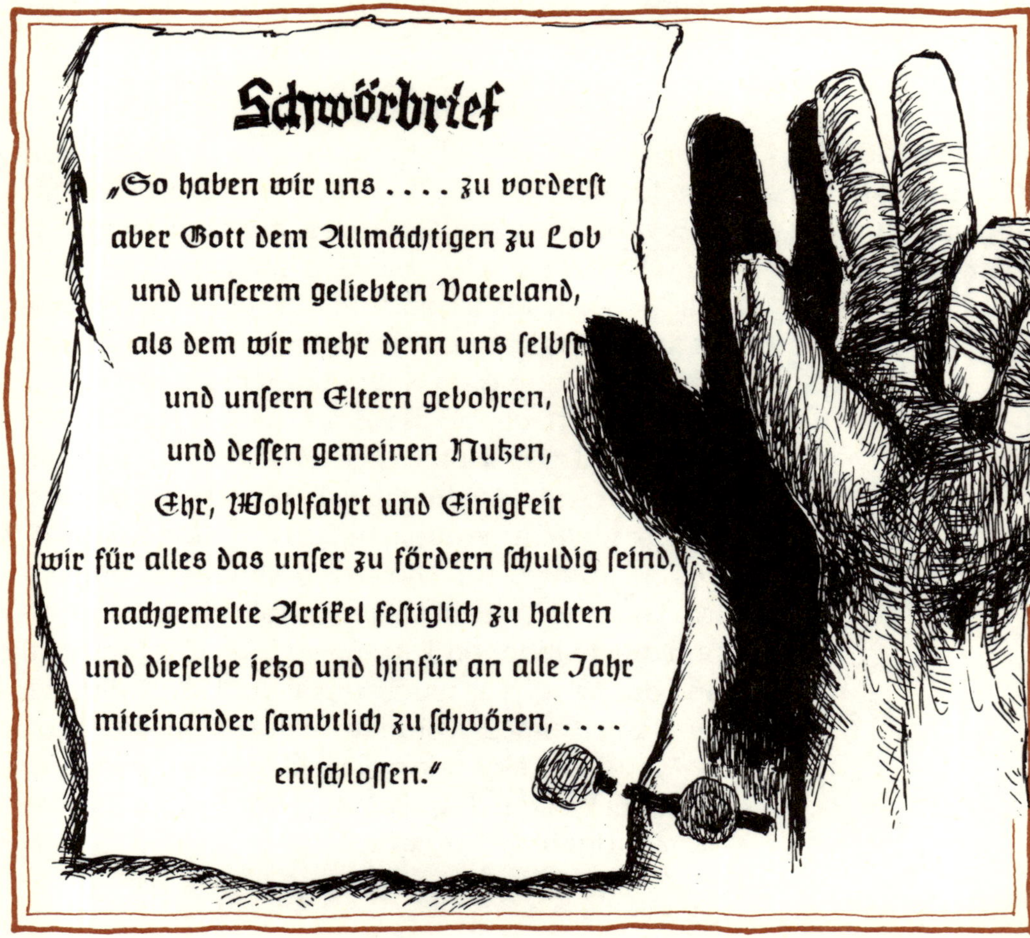

25. Juli 1405
Feierliche Einweihung des Münsters

Die Bauarbeiten am Münster waren soweit fortgeschritten, daß am 25. Juli 1405 die Weihe des Münsters zur Ehre der Mutter Gottes vorgenommen werden konnte. Zu diesem Zeitpunkt war der Chor mit einem Notdach versehen, während hinter einer Holzverschalung sichtbar am eigentlichen Langhaus noch gearbeitet wurde.

1439
Blüte der Tuchproduktion

Grundlage der Ulmer Wirtschaftsmacht war neben dem Handel auch die Produktion von Tuch und Leinen. Bereits im 13. Jahrhundert wurden in Ulm in großem Umfang Leinen gewoben und gehandelt. Dieses reine Leinen wurde durch den Barchent, ein Gemisch aus Baumwolle und Leinen, abgelöst. Die Ulmer Weber besaßen für diesen Barchent das Monopol und waren auf den europäischen Märkten führend.
Diese führende Marktstellung verdankte der Ulmer Barchent seiner ausgezeichneten Qualität, die nach strengen Maßstäben geprüft wurde.
In Ulm waren zwischen siebzig und neunzig Meister tätig, auf dem umliegenden Land zeitweise bis zu sechshundert selbständige Weber.

1446
Aufkauf der Güter des Klosters Reichenau

Nach dem Schwörbrief von 1397 gab es in Ulm eine Stadtverfassung, die auch das Bürgerrecht genau regelte. Mit der Aufnahme als Bürger waren Rechte und Pflichten verbunden. Wesentlich war jedoch, daß die Bürger den Gesetzen der Stadt und somit auch dem Einfluß des Rats unterworfen waren. So erklärt sich auch, daß der Bau von Kirchen und Niederlassungen von Klöstern in Ulm von der Stadt gefördert wurden. Die Aufnahme ins Bürgerrecht erfolgte automatisch, der Einfluß Ulms über seine Stadtgrenzen hinaus bis in die verschiedenen Klöster wuchs.
Nach Aufzeichnungen des Chronisten Felix Fabri gab es in Ulm neben der Pfarrkirche, dem Ulmer Münster, noch 35 Kirchen und Kapellen. Daneben bestanden elf selbständige Klöster und zehn Niederlassungen, sogenannte Höfe. Die weitläufigsten Besitzungen in und um Ulm besaß das Kloster Reichenau, bereits 724 urkundlich erwähnt.
Durch den Aufkauf aller Güter und der damit verbundenen Rechte des Kloster in und um Ulm konnte die Stadt ihren Besitz und ihr Einflußgebiet wesentlich erweitern.

1465
Felix Fabri
Geschichts-
schreiber
in Ulm

Der Dominikaner Felix Fabri (Schmid) kam in diesem Jahr von Basel nach Ulm. Hier war er 37 Jahre lang u. a. als Geschichtsschreiber tätig. Wir verdanken ihm die erste zusammenhängende Chronik der Geschichte Ulms. 1502 ist er im Alter von 61 Jahren gestorben.

Auch die Kunst blühte in Ulm. 1467 wird das Sakramentshaus im Münster fertiggestellt. 26,50 m hoch aus Stein erbaut in Form einer riesenhaften Monstranz.
Jörg Syrlin der Ä. fertigt das Chorgestühl im Münster, ebenso den Fischkastenbrunnen am Marktplatz.

1473
Blüte der Buchdruckerkunst in Ulm

Ulm trat als bedeutender Ort der Buchdruckerkunst (erfunden 1445 von J. Gutenberg) hervor, als der Meister Johann Zainer das von dem Ulmer Stadtarzt Dr. Steinhöwel verfaßte Buch »Pestilenz« herausgab. Kurz darauf folgten weitere Werke, die zum Teil auch wegen ihrer Holzschnitte berühmt wurden. Ebenso bekannt waren die Drucker Dinkmut (Schwäbische Chronik 1486) und Lienhart Holl, der den ersten in Deutschland gedruckten Atlas herausgab.

10. Sept. 1492
König Maximilian in Ulm

Maximilian der letzte Ritter, Sohn Kaiser Friedrichs III., hielt sich mehrmals in Ulm auf. Bei seinem Besuch 1492 besichtigte er auch den Münsterbau und soll, da er als schwindelfreier Mann galt, auf der höchsten Stelle des Turms auf einem Fuß stehend, den anderen über die Umwehrung in die Luft gestreckt haben.
Der Besuch ist durch eine Gedenktafel an der Nordseite des Turms verewigt.

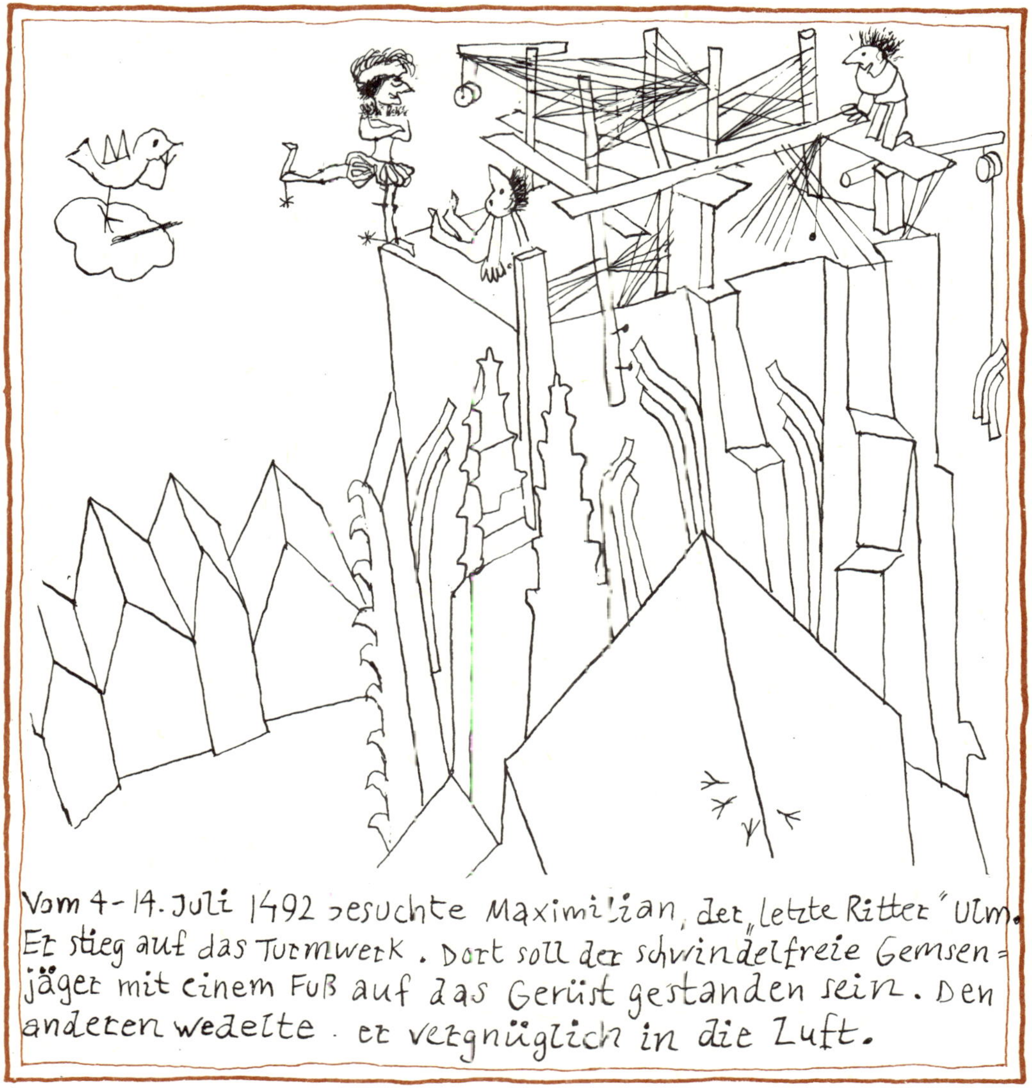

3. Nov. 1530 Reformation wird angenommen

Im Jahre 1530 erließ der Kaiser den »Reichsabschied«, der von den Protestanten verlangte, innerhalb einer bestimmten Frist alle kirchlichen Änderungen wieder rückgängig zu machen und zum alten Glauben zurückzukehren.
Am 3. November 1530 entschied sich die Bürgerschaft mit 1602 gegen 257 Stimmen für die Ablehnung des »Reichsabschieds«, also gegen den Kaiser und für die protestantische Lehre.

1531
Bildersturm im Ulmer Münster, Auflösung der Klöster

Nach Annahme der neuen Lehre in Ulm wurde auch eine hierfür notwendige Kirchenordnung aufgestellt. In fanatischer Weise ist das Münster von allem »Götzenwerk« gereinigt worden. Von den 60 Altären des Münsters konnten einige noch rechtzeitig in Sicherheit gebracht werden, viele, darunter auch 2 Orgeln, aber zerstört.
Alle Klöster Ulms wurden aufgehoben.

1546
Beendigung des Schmalkaldischen Krieges für Ulm durch einen Separatfrieden

Nach dem Ergebnis der Abstimmung vom 30. Nov. 1530 verbündeten sich die evangelischen Reichsstädte zu einem Bündnis, das in Schmalkalden ausgehandelt wurde. Kaiser Karl V. führte gegen die in diesem Bündnis vertretenen Städte Krieg, der durch die Schlacht bei Mühlberg 1547 für den Kaiser entschieden wurde. Vorher hatte jedoch Ulm bereits mit dem Kaiser einen Separatfrieden geschlossen, der die völlige Unterwerfung Ulms zur Folge hatte.

Eine Folge der Unterwerfung war die Aufhebung der Verfassung des Großen Schwörbriefes von 1397. Die Zünfte wurden verboten, der Rat der Stadt mit 21 Patriziern und nur noch mit 10 Zunftangehörigen besetzt. Die wesentlichen Befugnisse des Bürgermeisters wurden beschränkt, dafür setzte der Kaiser zwei Ratsälteste ein die mit außerordentlichen Vollmachten ausgestattet waren.

Trotz dieser starken Einschränkung ihrer Verfassungsrechte hielt die Ulmer Bevölkerung treu zum Kaiser, als im »Fürstenaufstand« auch Ulm vom Heer der gegnerischen Fürsten belagert wurde. Die Belagerung brachte keinen Erfolg, das Fürstenheer zog nach sieben Tagen erfolglos wieder ab.

Die Entscheidung der Ulmer Bevölkerung für den Kaiser war nicht zuletzt dadurch zustande gekommen, daß der Rat den Handwerkern und Kaufleuten versprochen hatten die Zünfte wieder zuzulassen. Am 28. August 1558 wurde der neue Schwörbrief jedoch mit einigen wesentlichen Einschränkungen gegenüber dem Brief von 1397 wieder eingeführt.

1570 Gewerbsmäßiger Schiffbau (Ulmer Schachtel)

Durch die günstige Lage Ulms an Blau, Iller und Donau wurden auch die Flüsse als Handelswege benützt. Ursprünglich nur Umschlagplatz für Holzflöße aus dem Allgäu, wurde der Schiffsbau ab 1570 zu einem blühenden Gewerbe in Ulm.
Die »Ulmer Schachtel« ist heute noch ein Begriff für den damaligen Schiffstyp, ebenso die Ordinarienschiffe, die regelmäßig Personen- und Frachtverkehr auf der Donau durchführten. Am 18. Oktober 1745 fuhren von Ulm aus Maria Theresia und Kaiser Franz I. auf der Donau bis Wien. Die Fahrt dauerte 8 Tage.

Mit der wirtschaftlichen Erholung Ulms nach dem Schmalkaldischen Krieg begann auch eine rege Bautätigkeit.
Die hölzerne Herdbrücke wurde durch eine steinerne Brücke ersetzt.
Mächtige Gebäude wie der Neue Bau, Salzstadel und Kornhaus entstanden.

28. Febr. 1617 Bierpreiserhöhung, Grundsteinlegung der Dreifaltigkeitskirche

erhöhte sich die Steuer für das Bier, die Bierbrauer mußten für jedes Maß, das in der Stadt verkauft wurde, 1 Pfennig, auf dem Land 3 Pfennig abgeben.
Ebenfalls in diesem Jahr wurde der Grundstein für die Dreifaltigkeitskirche gelegt, die 1621 fertiggestellt werden konnte.

1618–48
Dreißigjähriger Krieg

Während des Dreißigjährigen Krieges wurde Ulm mehrfach belagert, wobei jedesmal die Landbevölkerung in der Stadt Schutz suchte. Plünderungen des Ulmer Gebiets, mehrfache Durchzüge von Truppen, Erlahmung des Handels durch Krieg und Pest führten zum wirtschaftlichen Niedergang Ulms.

Nov. 1618
Komet über Ulm

In diesem Monat sah man 30 Tage lang von Ulm aus einen Kometen.

11. Juni 1622
Gründung des Gymnasiums academicum

Bereits im 15. Jahrhundert gab es in Ulm schon Schulen, die jedoch ohne Schulzwang waren. Die Kirchenordnung von 1531 sah bereits drei festangestellte Schulpfleger vor, die 1532 auf vier erhöht wurde. Die Entwicklung führte 1557 zu einer Schulordnung und 1622 zur Gründung des Gymnasiums academicum. In diesem Gymnasium sollte der Nachwuchs ausgebildet werden, der zur Besetzung von Ämtern in Kirchen, Verwaltung und Schulen notwendig war.

1624
Ausbau der Befestigungen, Grabenhäuschen

Um 1521 und 1566 wurden die vorhandenen Befestigungen nach Plänen von A. Dürer umgebaut. Nach der Erfindung des Schießpulvers war es notwendig, diese Anlagen zu ergänzen.
Unter Jan van Valckenburg wurde um Ulm ein neuer Ring mit Befestigungen gelegt, die alten jedoch beibehalten.
Auf den nördlichen alten Mauern errichtete man 175 einstöckige kleine Häuser, sogenannte Grabenhäuschen oder »Soldaten-Losamenter«, die den angeworbenen Soldaten Ulms als Wohnungen dienten. Ein Teil dieser Grabenhäuschen ist heute noch erhalten.

1626–27
Johannes Kepler in Ulm

Der Mathematiker und Astronom Johannes Kepler hielt sich in diesen Jahren in Ulm auf. Hier erhielt er, zusammen mit dem Festungsbaumeister Faulhaber von der Stadt den Auftrag, die in Ulm gebräuchlichen Maße zu vereinheitlichen. Ihr Vorschlag empfahl einen Eichkessel, in dem alle Ulmischen Maße enthalten waren. Der Kessel wurde 1627 in Ulm gegossen und diente fortan als Eichmaß für alle im Ulmer Territorium verwendeten Maßgefäße.
Ebenfalls in dieser Zeit wurden in Ulm die von Kepler erstellten astronomischen Berechnungen gedruckt.
Die unter der Bezeichnung »Rudolfinische Tafeln« zu Ehren Kaiser Rudolfs II. herausgegebenen Bücher gehören mit zu den bedeutendsten Erzeugnissen der Ulmer Buchdruckerkunst.

29. Mai 1630
Wallenstein
in Ulm

übernachtete Generalissimus Wallenstein in Ulm, mit ihm 630 Personen seines Gefolges. Die für diesen Aufenthalt entstandenen Kosten müssen beträchtlich gewesen sein, da die Hofhaltung des siegreichen Feldherrn einem unbekümmerten, barocken Lebensstil entsprach.

1635
Pest in Ulm

Ein dreiviertel Jahr dauerte die Pest in Ulm. 15 000 Menschen kamen dabei um. Es waren gleichwohl Bürger der Stadt, Bauern der Umgebung wie auch fremdes Volk, das sich in Ulm aufhielt. Schulen und Bäder waren geschlossen.

1641
Einrichtung des ersten städtischen Theaters Deutschlands

Der Bauherr Joseph Furttenbach richtete in einer Kornscheune, die er nach eigenen Plänen umbaute, ein ständiges Theater ein. Die Bühne hatte, nach italienischem Vorbild, bereits einen Vorhang und Orchestergraben sowie Kulissen, die gedreht werden konnten. Der Zuschauerraum faßte 600 ansteigende Sitzplätze und 150 Stehplätze. Neben Ulmer Schauspielgruppen, meist aus den Schulen, gastierten auch fremde Schauspielgruppen in Ulm. Am 20. November 1781 wurde ein neues Schauspielhaus eröffnet, das in der städtischen Wagenremise untergebracht war.

13. Feb. 1644 Donnerwetter in Ulm

An diesem Tag ging über Ulm ein starkes Gewitter nieder, ein für diese Jahreszeit ungewöhnliches Ereignis. Der Blitz schlug zweimal im Münster ein und richtete einigen Schaden an der Westseite an.

17. März 1648
Plünderung des Klosters Elchingen

Im Januar 1648 besetzten bayerische Truppen das Ulmer Gebiet. Sie zogen plündernd durch die Gegend. Eine größere Horde überfiel dabei im März 1648 auch das Elchinger Kloster und plünderte es aus.

1680
Eröffnung des ersten kaiserlichen Postamts

Kaiser Karl V. hatte bereits eine reitende Post eingerichtet um von seinen verschiedenen Regierungsorten in Tirol und den Niederlanden, eine rasche Nachrichtenverbindung zu haben. Dieser Postweg führte über Westerstetten, Bernstadt nach Elchingen. Von Ulm aus wurde zwei- bis dreimal wöchentlich ein Postreiter nach Elchingen geschickt um die Post abzuholen und abzuliefern.

Um 1650 gab es in Ulm bereits mehrere reitende Boten, die feste Strecken regelmäßig zurücklegten. Dies waren je nach den Orten zu denen sie unterwegs waren z.B. der Nürnberger Bote, der Augsburger Bote oder der Lindauer Bote.

Durch die Einrichtung von Poststrecken mit festen Postmeistereien und dem Ausbau der Post zur Reichspost ab 1615 wurde auch in Ulm 1680 das erste kaiserliche Postamt eingerichtet. Die Stadt, die sich in ihrer Reichsfreiheit beschränkt sah, verweigerte jegliche Unterstützung. So konnte der erste Postmeister weder ein Haus mieten oder kaufen, sondern mußte seine Geschäfte in einem Wirtshaus abwickeln. Der Streit dauerte über zehn Jahre und wurde erst vor dem Wiener Reichshofrat mit einem Vergleich beendet.

1847 erfolgte die erste regelmäßige Briefzustellung in Ulm, außerdem wurden 3 öffentliche Briefkästen aufgestellt.

1683 Einschiffung von Truppen gegen die Türken

Die Belagerung Wiens durch die Türken führte dazu, daß auch der Schwäbische Kreis Truppen zur Bekämpfung der Türken bereitstellen mußte. Von den 4000 Mann Fußtruppe und 1000 Reitern stellte die Reichsstadt Ulm 400 zu Fuß und 84 Reiter.
Ein Jahr später wurden nochmals von Ulm aus Truppen gegen die Türken ins Feld geführt, der Krieg jedoch erst 1688 durch die Eroberung von Belgrad vorläufig beendet.

20. Juli 1683
Gebet
»wider den Türk«

Zur Unterstützung der Truppen, die gegen de Türken vor Wien ins Feld zogen, wurde am 20. Juli ein Bettag eingeführt. Gleichzeitig war angeordnet, jeden Tag um 12.00 Uhr die Betglocke zu läuten und das Gebet »wider den Türk« zu sprechen.
Die Befreiung Wiens gelang am 12. September 1683, die Truppen kehrten im Dezember zurück.

8. Sept. 1702 Einnahme Ulms durch die Bayern

Ulm war zu dieser Zeit von seinen Truppen entblößt, da der Schwäbische Kreis mit Markgraf Ludwig von Baden Truppen nach Landau entsandt hatte. Nur eine Wachkompanie war in Ulm zurückgeblieben. Diesen Umstand nützte der Kurfürst von Bayern zu einem Überfall. Als Bauern verkleidet gelangten einige bayerische Offiziere in die Stadt und überwältigten die Wachmannschaften am Gänstor.

Am 8. September 1702 eroberte der Kurfürst v. Bayern Ulm. Seine Offiziere hatten sich als Marktweiber und Bauern verkleidet, kamen durch das Gänstor und übertumpelten die Wache. Bayerische Dragoner und Grenadiere folgten

1722–26
Auswanderung von Schwaben nach Ungarn (Donauschwaben)

Nach dem von Prinz von Savoyen erkämpften Frieden mit den Türken waren der österreichische Kaiser und die Zarin Katharina bemüht, die verödeten Landstriche Ungarns durch Einwanderer neu zu beleben. Die Auswandererbewegung ergriff ganz Süddeutschland. Meist wurde von Ulm aus der Weg auf Ulmer Schachteln angetreten.

1729
Sternsingen

erteilt der Rat der Stadt 2 Chören die Erlaubnis, an Neujahr und Dreikönig vor den Bürgerhäusern zu singen, jedoch nur auf ausdrücklichen Wunsch und nicht länger wie 10 Uhr.

1. Mai 1770
Maria Antonia,
Erzherzogin
von Österreich
in Ulm

Auf ihrem Weg nach Frankreich übernachtete Maria Antonia, Erzherzogin von Österreich, Tochter Maria Theresias, in Ulm. Der Rat der Stadt überreichte ihr als Geschenk ein vergoldetes Chocoladen-service aus Silber. Maria Antonia war damals 15 Jahre alt.

1775–77
C. F. D. Schubart in Ulm

In diesen Jahren gab C. F. D. Schubart in Ulm seine zweimal wöchentlich erscheinende »Deutsche Chronik« heraus. Er war vorher als Musikdirektor in Ludwigsburg tätig gewesen, von dort aber des Landes (württembergischen) verwiesen und wegen seiner ironischen Äußerungen von Herzog Karl Eugen auch noch danach verfolgt.
Durch eine List wurde er 1777 nach Blaubeuren gelockt und verhaftet.
Er verbrachte daraufhin 10 Jahre auf der Festung Hohenasperg.
Die »Deutsche Chronik« wurde in der Wagnerschen Druckerei, eine der bekanntesten Druckereien in Ulm, hergestellt. Über 100 Bände hatte diese Druckerei bis 1740 herausgegeben.

Anläßlich des Jubiläums der Erfindung der Buchdruckerkunst feierte die Wagnersche Druckerei in der Barfüßerkirche mit verschiedenen Ansprachen und »schöner Musik« dieses Jubiläum.

Die Geschichte der Ulmer Zeitungen reicht bis in die Zeit des 30jährigen Krieges zurück. Die erste periodische Druckschrift nach ihrem Herausgeber »Typis Michaelis Mederis« benannt, erschien mitten im 30jährigen Krieg. Kurz danach erschienen zwei weitere Wochenblätter von Ulmer Druckern, Karl Gassenmeyer und Math. Wagner.
1752 erschien der »Ordentliche Wochentliche Ulmische Anzeigen Zettel«, der jedoch wie seine Vorgänger außer Anzeigen fast keine allgemeinen oder politischen Informationen enthielt. Dies änderte sich, als Schubart seine Deutsche Chronik in Ulm herausgab und das Ulmer Intelligenzblatt durch eigenwillige Aufsätze bereicherte. Nachfolger dieses Blatts wurde die 1850 gegründete »Ulmer Zeitung« das spätere »Ulmer Tagblatt«. Daneben bestand als weitere Tageszeitung die »Ulmer Schnellpost«.

Die politische Zersplitterung Deutschlands um die Jahrhundertwende brachte dem Zeitungswesen in Ulm einen unerwarteten Aufschwung.
Neun Zeitungen erschienen in Ulm 1911. Die meisten wurden im Dritten Reich eingestellt und durch die Einheitszeitung ersetzt.
Heute erscheinen in Ulm zwei Tageszeitungen, daneben eine zunehmende Zahl von Wochenblättern, die an die Anfänge der Ulmer Zeitungen erinnern könnten.

1778
Ulmer Bürger kämpfen um die Mitbestimmung im Rat (Bürgerrechtsprozesse)

Der Rat versuchte durch eine neue Steuerordnung die Vermögenswerte innerhalb der Stadt und damit die Gewerbebetriebe besonders zu besteuern, den Großgrundbesitz der Patrizier im Territorium zu begünstigen.
Die Bürgerschaft bildete einen Ausschuß, der die Gleichbehandlung von Stadt und Land forderte. Seine Bemühungen scheiterten endgültig 1787. Das Ringen der Bürger um Mitbestimmung ging aber weiter. 1794 kam es zur Bildung eines weiteren Ausschusses, der aber auch keine Änderung der Verfassung erreichen konnte.

Febr. 1795
Erste Straßenbeleuchtung

In der langen Gasse in Ulm wurden von dort wohnenden Kaufleuten an den Hausfassaden Laternen zur Straßenbeleuchtung angebracht. Diese private Initiative verbreitete sich rasch in Ulm. Es war der Beginn der Straßenbeleuchtung in Ulm. Erst Jahre später übernahm die Stadt die Straßenbeleuchtung als städtische Einrichtung. 1853 wurden die zum Teil sehr unterschiedlich betriebenen Laternen auf Holzgas umgestellt.

23. Sept. 1800
Ulm wird franz., Festungen werden »geschleift«

In diesem Jahr wurde Ulm 4 Monate von den Franzosen belagert, jedoch ohne Erfolg. Erst aufgrund eines Vertrages zwischen Österreich und Frankreich wurde neben Ingolstadt und Philippsburg auch Ulm französisch. Noch in diesem Jahr begannen die Franzosen mit dem Abtragen der Ulmer Festungsanlagen.

1802
Ulm wird Hauptstadt der bayerischen Provinz Schwaben, Ende der Reichsfreiheit

Der Friede von Luneville im Februar 1802 legte u. a. fest, daß das linke Rheinufer französisch bleiben sollte. Als Ersatz erhielten die deutschen Fürsten für ihre Gebietsverluste kirchliche und städtische Gebiete.
Die Stadt Ulm und das Gebiet Ulms wurden dem bayerischen Kurfürsten zugesprochen. Ulm wurde zur Hauptstadt der bayerischen Provinz Schwaben.

Zusammen mit weiteren 112 Reichsstädten die damals noch selbständige Staatsgebilde waren verlor Ulm durch die Neuordnung ihre Reichsunmittelbarkeit.

Zwar versuchten die freien Städte des Schwäbischen Kreises noch bei einem gemeinsamen Städtekonvent in Ulm, ihre Reichsunabhängigkeit zu unterstreichen und gemeinsam zu dokumentieren, setzten aber der Besitzergreifung durch ihre neuen Herrn keinen ernsthaften Widerstand entgegen.

In Ulm endete damit ein Geschichtsabschnitt der freien Reichsstadt, die getragen durch ihren Bürgerwillen, selbständig erarbeitete Verfassung und die geografisch günstige Lage Ulm über Jahrhunderte hinweg zu einer der bedeutendsten Städte im süddeutschen Raum machte.

17. Okt. 1805
Kapitulation der österreichischen Besatzung Ulms vor Napoleon

Ulm war von österreichischen Truppen unter Feldmarschall Mack besetzt. Vom 13. Oktober bis 17. Oktober kämpften Österreicher gegen Franzosen zwischen Haslach, Elchingen und Albeck. Die Österreicher konnten jedoch keine wesentlichen Erfolge erzielen und wurden nach Ulm zurückgeworfen. Am 17. Oktober übergab der österreichische Feldmarschall Mack Ulm den Franzosen. 23 000 Österreicher wurden gefangen genommen.

am 19. desselben schreibt Napoleon Kurz vor Ulm: „ich bin zufrieden ..... Adieu, ma Josephine."

und am 20. desselben übergibt ihm General Mack Stadt u. Festung Ulm.

6./7. Nov. 1810
Ulm wird württembergisch

Durch den Staatsvertrag, der am 18. Mai 1802 in Compiégne geschlossen wurde, mußte Bayern einen Teil seiner Provinz Schwaben an Württemberg abtreten. Neben Ulm kamen auch Tettnang, Ravensburg, Leutkirch, Wangen, Geislingen, Albeck, Crailsheim und Söflingen mit ihren Gebieten wieder zu Württemberg. Am 6. und 7. November 1810 fand die Übergabe statt. Die Donau wurde zur neuen Grenze. An den Übergängen entstanden auf beiden Seiten Zollhäuser.

Am 7 November 1810 marschierte die bayerische Garnison ab. Um 4 Uhr rücken die Württemberger ein mit 4 Kanonen.

30. Mai 1811 Flugversuch über die Donau von Albrecht Berblinger, dem »Schneider von Ulm«

Albrecht Berblinger, am 24. Juni 1770 geboren, hat sich neben seinem Schneiderhandwerk schon frühzeitig der Herstellung einer Flugmaschine und verschiedenen Arten von Prothesen gewidmet. Anläßlich des ersten Besuches von König Friedrich von Württemberg in Ulm erfolgte der Versuch des Albrecht Ludwig Berblinger, mit einer selbstkonstruierten Flugmaschine die Donau zu überfliegen. Der Versuch, erst am 31. vollzogen, mißlang. Nach dem bekannten Sturz in die Donau wurde der »Schneider von Ulm« zum Gespött der Bevölkerung.

1811
Anlage der Friedrichsau

Anläßlich seines Besuches in Ulm stiftete der württembergische König Friedrich I. 2000 Gulden für ein Erholungsgebiet. Das »Gänshölzle«, die heutige Friedrichsau, wurde bald ein beliebtes Ausflugsziel, mit zahlreichen Gesellschaftsgärten und später mit Vereinen wie »Hundskomödie« und »Liederkranz«. Zu dem ersten Deutschen Liederfest 1836, das in Ulm abgehalten wurde, kamen ca. 12 000 Sänger. Aus Ulm selbst nahmen 9 Gesangsvereine teil.

1. Juli 1828 Zollschranken fallen wieder

Im Zuge der deutschen Zolleinigung fielen 1828 die Zollschranken zwischen Bayern und Württemberg. Der Tag wurde durch ausgiebige Donaufahrten an beiden Ufern und einem Volksfest in der Friedrichsau gefeiert.

1828
Abbruch der Stadttore

Als für die Wehrtürme der alten Befestigungsanlagen Reparaturen notwendig wurden, entschloß man sich kurzerhand, sie abzureißen. In den Jahren 1828, 1837, 1843 und 1860 verschwanden das Herdbruckertor, Frauentor, Glöcklertor, der Einlaßturm auf der Stadtmauer und das Neutor.

1829
Grundsteinlegung der Herdbrücke

Ein Jahr später wurde am 15. Oktober der Grundstein für eine neue Herdbrücke gelegt, die im Zusammenhang mit dem Abbruch des Herdbruckertors ebenfalls abgebrochen worden war.
1832 konnte die Ludwig-Wilhelms-Brücke (Herdbrücke) feierlich eröffnet werden.
Die Ansiedlung entlang der Straße und um die Brücke wuchs rasch. Von 64 Personen, die um 1800 dort wohnten, waren es 1832 bereits 349.

1839
Erstes Dampfschiff in Ulm

Im August kamen die ersten Dampfschiffe die Donau herauf.
Durch den niedrigen Wasserstand der Donau bedingt, mußte von einem gewerbsmäßigen Ausbau der Donau-Dampfschiffahrt bis Ulm jedoch bald abgesehen werden.

Die »Lesegesellschaft« feiert in diesem Jahr ihr 50jähriges Bestehen. Die Möglichkeiten des Erwerbs von Büchern, Zeitungen und Journalen war noch sehr begrenzt. Daher hatte sich in Ulm bereits 1789 eine »Lesegesellschaft« gebildet, die durch ihre Mitgliederbeiträge den Kauf von Büchern finanzierte und damit einer breiteren Bevölkerungsschicht zugänglich machte. Weiteres Ziel der Gesellschaft war die Pflege der Geselligkeit.
1841 in »Museumsgesellschaft« umgenannt, ist sie heute noch unter diesem Namen im kulturellen und gesellschaftlichen Bereich tätig.

**1838
Ulmer
Leichenhaus,
erstes im
Königreich
Württemberg**

Auf dem »allgemeinen Begräbnisplatz«, dem alten Friedhof, entstand 1838 aus einem umgebauten Totengräberhaus das erste Ulmer Leichenhaus, gleichzeitig das erste im Königreich Württemberg.
Der ursprüngliche Zweck der Leichenhäuser war es, die Beerdigung von Scheintoten durch ausgiebige Beobachtung zu verhindern. Hierzu waren Wärter angestellt, eine umfangreiche tech. Einrichtung wie ein Weckapparat und ein Rettungsapparat gehörten zur Grundausstattung. Nachdem in den ersten 35 Jahren kein einziger Fall von Scheintot registriert wurde, legte die Leichenhausordnung von 1877 die Benützung und den Zweck neu fest. Es diente jetzt mehr zur sofortigen Entfernung der Leichen aus Wohnungen (insbesondere aus beengten) und anständigen Aufbewahrung bis zum gesetzl. Beerdigungstermin.
Diesem Zweck dienen die Leichenhäuser noch heute, auch die am 15. 9. 1971 eingeweihte neue Leichenhalle auf dem Ulmer Friedhof.

18. Okt. 1842
Ulm wird Bundesfestung

Der von der Bundesversammlung 1841 genehmigte Plan, Ulm als Bundesfestung auszubauen, wurde mit dem ersten Spatenstich am 18. Oktober 1842 begonnen, 1859 beendet. Die Arbeiten an den Festungsanlagen leitete der preußische Ing. Major von Prittwitz. Bis zu 8000 Arbeiter waren gleichzeitig an dem Bauwerk beschäftigt, das 16,5 Mill. Gulden kostete. Kernstück der Anlage sollte eine Zitadelle auf dem Michelsberg werden. Von hier aus verliefen im Osten und Westen Umwallungen zur Donau und darüber hinaus auch um Neu-Ulm. Außerhalb dieses Walls waren in unregelmäßigen Abständen, je nach Gegebenheiten des Geländes Forts oder sogenannte Vorwerke vorgesehen. Mehrere Tore mit vorgeschobenen Schutzwällen öffneten diese Befestigungsanlage.

1846
Gründung der Turngemeinde Ulm

Bereits 1817 wurde an den Ulmer Schulen Turnunterricht erteilt. Die Ansicht, daß nicht nur der Geist, sondern auch der Körper geschult werden müsse, führte 1846 zur Gründung der »Turngemeinde Ulm«. Unter den Gründungsmitgliedern waren auch namhafte Persönlichkeiten wie C. D. Magirus. Heute ist der mit dem SSV vereinigte Verein »SSV Ulm 1846« einer der größten Sportvereine Deutschlands.

29. Juni 1850
Eröffnung der Bahnlinie Stuttgart—Ulm

An diesem Tag kam der erste Zug aus Stuttgart in Ulm an. Königliche und städtische Beamte waren zum Empfang am Bahnhof versammelt. Die Artillerie feuerte aus allen Kanonen, im Bahnhof selbst wurde mit Essen und Musik gefeiert.

1852
Erste freiwillige Feuerwehr

Aus der Turngemeinde Ulm bildete sich unter Leitung von C. D. Magirus die erste freiwillige Ulmer Feuerwehr, auch Steigerkompanie genannt. Diese Verbindung, Sport und Feuerwehr, war zur damaligen Zeit normal, da bei der Feuerwehr das turnerische Element eine große Rolle spielte. Im Jahre 1852 war der Aufbau der freiwilligen Feuerwehr Ulm abgeschlossen, C. D. Magirus blieb ihr Kommandant bis 1880.

1852
Eisenbahnbrücke

In diesem Jahr wird die Eisenbahnbrücke über die Donau gebaut. Am 5. Mai findet die erste Fronleichnamsprozession seit der Reformation statt. Sie führt von der Wengenkirche zum Blaubeurer Tor, von hier zum Kienlesberg, dann zurück zur Wengenkirche.

1869
Neu-Ulm wird Stadt

Durch die 1810 getroffene Grenzziehung waren die Ulmischen Gebiete südlich der Donau bayerisch geworden. Sehr bald entstanden hier ein eigenes Gemeindewesen und eine sich rasch vergrößernde Stadt. 1832 hatte »Neu-Ulm« erst 349 Bewohner, 1869 bereits 5000. In diesem Jahr wurde es auch zur bayerischen Stadt erklärt.

Am 8. d.M. vor nicht mehr als 111 Jahren wird Neu-Ulm zur unmittelbaren Stadt erhoben: „Beim Bankett im Schießhaus kommen die herzlichen Beziehungen der Städte wiederholt zum Ausdruck." – (sagt der Chronist)

18. Juli 1871
Industrie-ausstellung in Ulm

Die Belebung der Wirtschaft und zunehmende Industriealisierung finden in Ulm ihren Ausdruck in einer großen Industrieausstellung. Sie fand in den Markt- und Tuchhallen in der Sammlungsgasse statt.

1874
Freilegung des Münsterplatzes

In Ulm wurde 1229 der Franziskanerorden von Schwäbisch Gmünd aus gegründet.
Die Franziskaner oder auch »Barfüßer« erhielten zum Bau ihres Klosters und der Kirche einen Platz am Rande der damaligen Stadt, beim Löwentor, heute Münsterplatz, zugewiesen.
Hier entstand die Klosteranlage, die bis zur Reformation Heimat der Barfüßermönche war. Nach deren Wegzug 1531 übernahm die Stadt die Gebäude und richtete eine Lateinschule ein, die 1622 in ein Gymnasium umgewandelt wurde und bis zum Abbruch der Gebäude hier beheimatet war. Der Abbruch vollzog sich 1874/75, um den Platz vor dem Münster zu verschönern und eventuell eine Neugestaltung zu ermöglichen.
An der Gestaltung des Münsterplatzes wird seit einiger Zeit wieder gearbeitet.

14. März 1879
Albert Einstein wird in Ulm geboren

Als Sohn eines Kaufmanns wurde Albert Einstein in Ulm geboren. Einstein, der Ulm bereits 1880 verlassen hat und dem 1934 sogar die deutsche Staatsbürgerschaft aberkannt wurde, ist 1933 nach den Vereinigten Staaten ausgewandert, wo er am 18. April 1955 in Princeton starb.

1890 Der Münsterbau wird vollendet

1841 wurde der Verein für Kunst und Altertum in Ulm gegründet, dessen wichtigste Aufgabe es sein sollte, die Restauration des Münsters durchzuführen. Spenden der Regierungen, Einführung des Münsterkreuzers und einer Münsterbaulotterie waren die finanziellen Voraussetzungen für die Restaurierungen und den Weiterbau des Münsters. 1890 wurde der Turmbau mit einer Höhe von 161 m abgeschlossen und damit die Gesamtanlage des Münsters vollendet.

15. Mai 1897
Erste Straßenbahn in Ulm

Nach erfolgreichen Verhandlungen mit der Nürnberger Elektrizitäts AG konnte am 15. Mai 1897 die erste Straßenbahn in Betrieb genommen werden. Die Strecke verlief in einer Ringlinie vom Bahnhof über Olgastraße und Frauenstraße zum Münsterplatz und durch die Hirschstraße zurück zum Bahnhof.
1905 wurde die Straßenbahn städtisch, die Strecken durch Linien nach Söflingen und an den Ostplatz erweitert.

1900
Aufkauf der Festungswälle durch die Stadt

Unter den Bürgermeistern C. von Heim und seinem Nachfolger Wagner begann in Ulm der Wandel von Handwerksbetrieben in Industriebetriebe, Ausbau von Gleisanlagen für Industrieunternehmen und Schaffung von Wohnraum, insbesondere für Arbeiterfamilien. Der Aufkauf des Geländes der Bundesfestung ermöglichte es, die Wälle abzutragen und das Gelände zur Bebauung freizugeben. Die räumliche Ausdehnung der Stadt wurde dadurch möglich. Gleichzeitig mit diesem Ausbau vollzog sich die Eingemeindung der Vororte Söflingen, Wiblingen und Grimmelfingen.

Bedeutende Firmen wie Wieland (Messingwerk), Magirus (Feuerlöschgeräte, Fahrzeuge), Mayser (Hüte), Eberhardt (Pflugfabrik), Schwenk (Zement) und Ott (Werkzeugfabrik) bauten ihre Betriebe, teilweise traditionelle Handwerksbetriebe, zu Industrien aus. Der Handel erfährt neuen Aufschwung durch das Zusammentreffen von sechs Eisenbahn-Hauptlinien in Ulm. Die Bevölkerung wächst um das Dreifache auf ca. 43 000.

1943/44
Hans und Sophie Scholl, Feldmarschall Rommel

In München wurden die Ulmer Geschwister Hans und Sophie Scholl zum Tode verurteilt und hingerichtet. Beide standen im aktiven Widerstand gegen die Führer des Dritten Reiches.
Ebenso mußte Feldmarschall Rommel aus Herrlingen wegen seinen Verbindungen zu Widerstandskämpfern den Freitod wählen.

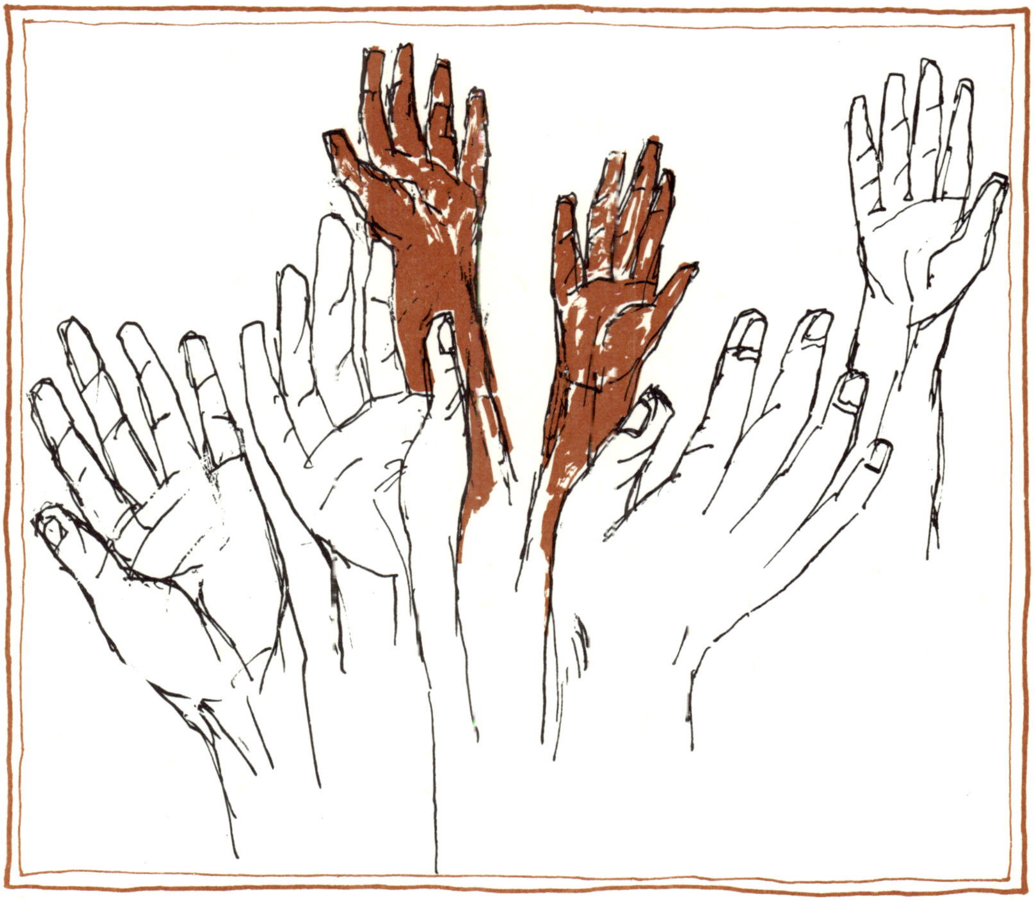

17. Dez. 1944
Ulm wird zerstört

fielen die ersten von insgesamt ca. 90 000 Bomben auf Ulm. Der Bombenangriff hinterließ ca. 700 Tote, ca. 600 Verwundete und 20 000 bis 25 000 Obdachlose. Von der ehemaligen freien Reichsstadt Ulm mit vielen Zeugnissen ihrer Geschichte war nur noch eine Trümmerwüste übrig, aus der jedoch das Münster fast unversehrt herausragte.

1946
Gründung der Volkshochschule

wurde in Ulm die Volkshochschule gegründet. Unter ihrer ersten Leiterin, Inge Aicher-Scholl, hatte die Volkshochschule durch ihre Struktur und Weltoffenheit einen Ruf weit über Ulm hinaus erhalten. Nach dem Umzug in ein eigenes Gebäude, dem »Einsteinhaus«, hat sich die Arbeit der vh noch intensiviert. Sie leistet heute einen wesentlichen Beitrag zur Erwachsenenbildung in Ulm.

1947/48 Wahlen zum Gemeinderat und Oberbürgermeister

1947 wählte die Ulmer Bevölkerung erstmals wieder frei einen Gemeinderat, bestehend aus 36 Mitgliedern. Am 31. Mai 1948 trat der neu gewählte Oberbürgermeister Ulms, Theodor Pfitzer, sein Amt an. Während seiner Amtszeit, die bis 1972 dauerte, vollzogen sich in Ulm die wesentlichen kulturellen, wirtschaftlichen und baulichen Schritte, die nach der Zerstörung von 1944 notwendig waren.

8. Juni 1951
Baubeginn auf dem Eselsberg

Die Grenze nach Bayern hatte zwangsläufig zur Folge, daß die bauliche Erweiterung der Stadt an und auf den nördlich gelegenen Bergen erfolgte. So entstanden die neuen Stadtteile Eselsberg und Böfingen mit Braunland. Auf dem Eselsberg sind neben dem allgemeinen Wohnbau die drei Hochhäuser bemerkenswert, die als erste Hochhäuser in Ulm gebaut wurden.

3. August 1952
Erste Jungbürgerfeier in Ulm

Die Stadt Ulm führt die Jungbürgerfeier ein, eine Tradition die sich bis heute erhalten hat. Die Jungbürger Ulms, die ihre Volljährigkeit erreicht hatten, wurden von der Stadt zu einer Feier eingeladen. Im Verlauf der Jahre fand die Feier in den verschiedensten Formen statt, Tanzveranstaltung in der Donauhalle, Theaterbesuch u. ä.

9. Mai 1953
Tag der Schulen

Ulms Tradition als Schulstadt reicht bis in die Reformationszeit zurück. Bereits in der Kirchenordnung von 1531 waren in Ulm fest angestellte Schulpfleger tätig. Die Tradition einer Schulstadt hat sich bis heute erhalten. Nach der großen Zerstörung Ulms 1944 war der Wiederaufbau der bestehenden Schulen, Wagnerschule und Friedrichsau Schule notwendig. Daneben wurde auch mit dem Neubau weiterer Schulen vorrangig begonnen.

So entstanden im Verlauf weniger Jahre zum Teil auch in den neu gegründeten Stadtteilen folgende Schulen: 1950 Friedensschule, 1951 Albrecht Berblinger Schule, 1952 Jörg Syrlin Schule, Hans Multscher Schule, in der ehemaligen Pionierkaserne die Robert Bosch Gewerbeschule, Friedrich List Handelsschule, die Weinhofschule und die Max Eyth Landwirtschaftsschule mit Internat und Landwirtschaftsamt, 1953 dann noch die Schubart Oberschule. Begonnen wurde mit dem Neubau für das Humanistische Gymnasium und das Kepler Gymnasium auf dem alten Gymnasiumsgelände an der Olgastraße.

Neben den städtischen Schulen entstanden als Privatschulen die Freie Waldorfschule und die Mädchenoberschule St. Hildegard, die bereits 1950 eingeweiht werden konnte. Die Franziskanerinnen hatten von 1921 bis 1937 in Ulm bereits die katholische Töchterschule unterhalten, die aber 1937 geschlossen werden mußte.

Der 9. Mai 1953 ging als Tag der Schulen in die Geschichte der Stadt ein, weil an diesem Tag sechs neue Schulen eingeweiht wurden.

17. Juli 1954
1100 Jahrfeier der Stadt Ulm

Anläßlich der ersten urkundlichen Nennung Ulms 854 wurde 1954 das 1100jährige Bestehen der Stadt gefeiert. An den Feiern nahmen zahlreiche Ehrengäste teil, so bei dem Festakt am 31. Juli auch der evangelische Landesbischof Haug und Ministerpräsident Gebhard Müller.

21. Dez. 1955
Gründung des Deutschen Brotmuseums

Dr. h. c. Eiselen gründete in diesem Jahr das erste Spezialmuseum zum Thema Brot in Ulm. Schon vor dem zweiten Weltkrieg hatte er mit dem Sammeln von historischen Geräten und Büchern zu diesem Thema begonnen. Die Sammlung ging 1944 verloren, 1950 entschlossen sich Vater und Sohn Eiselen wieder neu zu beginnen. Die Sammlung wuchs rasch, so daß bereits 1959 mit Unterstützung des Ulmer Museums in dessen Räumen die erste öffentliche Ausstellung erfolgte. Das Interesse war sehr groß, so daß der Entschluß gefaßt wurde, die Sammlung als ständige Ausstellung beizubehalten.
1960 bezog das Deutsche Brotmuseum seine Räume am Galgenberg. Über 250 000 Besucher sahen bis zum 25jährigen Jubiläum 1980 die ständige Ausstellung. In dieser Zeit fanden 42 Sonderausstellungen zu bestimmten Themen statt unter denen die Ausstellung »Alle Menschen sollen satt werden« im Ulmer Rathaus, »Brot gegen Hunger« und »Brot für die Welt« im Kornhaus eine Resonanz weit über die Grenzen der Stadt fanden.

2. Okt. 1955
Hochschule für Gestaltung wird eröffnet

Im September 1953 wurde durch Max Bill mit den Bauten der Hochschule für Gestaltung auf dem Kuhberg begonnen. Die Initiative für eine derartige Schule ging von Kreisen um den Graphiker Otl Aicher und Inge Aicher-Scholl aus. Mit Spenden von amerikanischen und deutschen Trägern konnte dann das Projekt realisiert werden. 1955 wurde die HfG eröffnet.

27. März 1956
Erste Licht-signalanlage

Die erste Lichtsignalanlage in Ulm wurde an der Zinglerstraße – Bismarckring in Betrieb genommen.

1956
Neueröffnung des Ulmer Museums

In diesem Jahr konnte das Ulmer Museum in neu renovierten Räumen, insgesamt 44, wieder eröffnen.
Gegründet wurde es 1892 als die Bestände des Vereins für Kunst und Altertum in Ulm und die des Gewerbemuseums als Grundstock für ein Museum vereint wurden.
Die Sammlungen erstrecken sich weitgehend auf die Werke von Kunst und Kultur Ulms, vorgeschichtliche Funde des Großraums Ulm und die reichhaltigen Zeugnisse der Zünfte und Handwerker.
Ergänzend finden hierzu Sonderausstellungen moderner Grafik und Kunst statt.

14. Sept. 1956
Erste Ulmer Bachtage

Im Bibliothekssaal des Klosters Wiblingen werden die ersten Ulmer Bachtage eröffnet, die bereits am 15. Sept. 1966 ihr 10jähriges Bestehen feiern konnten.
Anläßlich des 300. Todestages von Johann Sebastian Bach gaben die Wiblinger Bachtage 1985 über 12 Tage einen umfassenden Überblick der musikalischen Werke von J. S. Bach.

1. Juli 1956 Einweihung der neuen Susokirche

Nach der Zerstörung der ersten Susokirche in der Wilhelmstraße war ein Neubau nach dem Kriege notwendig geworden. Durch die Erschließung des Eselsbergs als Wohngebiet wurde der Neubau am Mähringer Weg beschlossen.
Der erste Spatenstich erfolgte 1954, Grundsteinlegung 1955 und die feierliche Einweihung bereits 1956.

Wandteppich von S. Köder in der Susokirche

1957 Einweihung der ev. Lukaskirche

In unmittelbarer Nähe konnte auch die evangelische Lukaskirche bereits 1957 geweiht werden.

26. Juni 1961
Einweihung der Jugendherberge

Die Unterbringung der Jugendherberge in Ulm nach dem Krieg entsprach der mit Fahrt und Abenteuer verbundenen Romantik der Jugendbewegung. Sie war in einem Turm der ehemaligen Bundesfestung dem Schwedenturm untergebracht.
Auch der Neubau der Jugendherberge der 1961 eingeweiht wurde, blieb dieser Tradition treu. Er steht auf dem Gelände eines abgetragenen Fort der Bundesfestung, dem Fort Mittlerer Kuhberg.

18. Mai 1963 Übergabe der staatlichen Ingenieurschule in Ulm

Ein weiterer Schritt, Ulm zu einer überörtlichen Schulstadt zu machen, war die 1960 vollzogene Gründung einer staatlichen Ingenieurschule, 10 Jahre später Fachhochschule. Die Einweihung der neuen Gebäude, vorher wurde der Unterricht in Notunterkünften in Wiblingen erteilt, erfolgte am 18. Mai 1963.

21. März 1964 Gründungsausschuß Universität Ulm eingesetzt

1960 kam es zur Gründung des »Arbeitskreises Universität Ulm« unter dem Vorsitz von Theodor Pfitzer. Gegen den Widerstand der Landesregierung, die eine Universität in Konstanz gründen wollte, gelang es diesem Arbeitskreis letztlich doch, durch Verträge, Verhandlungen und Herausgabe eines »Universitätsplan Ulm« die Landesregierung zu überzeugen. Am 21. März 1964 wurde der Gründungsausschuß der Hochschule eingesetzt.

25. Febr. 1967
Gründungsfeier
Universität Ulm

unter Anwesenheit von Bundeskanzler Kurt Georg Kiessinger, Ministerpräsident Filbinger und Vertretern auswärtiger Universitäten wurde im Kornhaus die Gründungsfeier begangen. Am 14. Juli 1969 folgte dann die Grundsteinlegung für die Gebäude auf dem oberen Eselsberg.

28. Juni 1968
Erste gemeinsame Sitzung der Gemeinderäte Ulms und Neu-Ulms

Zum ersten Mal seit der Ernennung Neu-Ulms zur bayerischen Stadt 1869, tagten die Gemeinderäte beider Städte gemeinsam im Ulmer Rathaus.

2. Okt. 1968
Erster ökumenischer Gottesdienst

fand erstmals in der Ulmer Kirchengeschichte ein gemeinsamer Gottesdienst von evangelischen und katholischen Gemeinden in der St. Georgskirche statt.

Die Zunahme der katholischen Bevölkerung hat erst nach 1850 eingesetzt. Im Jahre 1812 waren in Ulm noch 98 % der Bevölkerung evangelisch, 1871 nur noch ca. 75 % und ca. 22 % katholisch, um 1900 68 % evangelisch, 30 % katholisch.

Im Jahre 1985 lag das religiöse Bekenntnis der Ulmer Bevölkerung bei 36,2 % evangelisch und 47,8 % katholisch. 16 % mit anderen religiösen Bekenntnissen.

25. April 1969
Erstes Parkhaus

Als erstes der inzwischen zahlreichen Parkhäuser in Ulm wird das Parkhaus auf dem Deutschhausgelände eröffnet.

3. Okt. 1969 Eröffnung des neuen Ulmer Theaters

Auch das Ulmer Theater wurde im zweiten Weltkrieg zerstört. Nach dem Krieg nahm man in der Turnhalle eines Gymnasiums den Theaterbetrieb wieder auf. 1966 erfolgte die Grundsteinlegung zu einem neuen Theater, das am 3. Oktober 1969 mit einem Festakt und der Aufführung der Oper »Der Rosenkavalier« eröffnet wurde.

1971–75 Eingemeindungen

Die mit der Eingemeindung von Söflingen 1905 begonnene Politik der Stadt, durch Eingemeindungen ihr Gebiet und ihre Einwohnerzahl zu erweitern, fand in der Gebietsreform ihre Fortsetzung.
Die Markungsfläche wuchs von 4977 ha auf 11 873. Die Bevölkerung vermehrte sich dadurch um 10 800 Personen auf 99 578 (1975).
Im Jahre 1984 betrug die Einwohnerzahl noch 98 330, davon 13 577 Ausländer.

1972
Wahlen zum Oberbürgermeister, Dekan, Landtagsabgeordneten

In diesem Jahr wurden drei bedeutende Wahlen in Ulm durchgeführt.
Am 27. Februar wählten die katholischen Geistlichen den Susopfarrer Ferdinand Bamberger zum Dekan von Ulm. Er wurde Nachfolger von Monsignore Josef Gantert, der nach 15 Jahren Tätigkeit aus diesem Amt ausschied.
Am 23. April wurde der CDU-Bewerber Ernst Ludwig in den Landtag gewählt.
Am 14. Mai wurde Bürgermeister Dr. Hans Lorenser mit einem Stimmenanteil von 63,5 % zum Oberbürgermeister der Stadt Ulm gewählt.

14. 5.—6. 10. 1980
Erste Landesgartenschau Baden-Württ./ Bayern Ulm/Neu-Ulm

Auf einem Gelände von ca. 29 ha auf der Ulmer Seite und ca. 27 ha auf der Neu-Ulmer Seite fand in Ulm die erste grenzüberschreitende Landesgartenschau statt. Knapp 1,5 Mill. Besucher sahen bis zum 6. Oktober über 700 Veranstaltungen innerhalb des Geländes und zahllose weitere Veranstaltungen in den beiden Donaustädten.

1980
Tag der Umwelt

Anläßlich des »Tags der Umwelt« wurden auch in Ulm am Berblingerbrunnen und auf dem Münsterplatz Luftmessungen durchgeführt. Die Luftverschmutzung, gemessen an einem Nachmittag, lag weit unter dem Maximalwert.
Das ebenfalls gemessene Donauwasser kam auf den zweiten Platz einer fünfstelligen Skala.

Ulm →

1984
Olympischer Medaillensegen für Ulmer Sportler

Bei den Olympischen Spielen in Los Angeles, der Behinderten Olympiade in New York und der Rollstuhlfahrer Olympiade in England waren jeweils auch Ulmer Teilnehmer erfolgreich.
Dieter Wiedenmann und Raimund Hörmann gewannen Gold im Doppelvierer in Renngemeinschaft mit Ingelheim.
Goldmedaillengewinner mit der Deutschen Mannschaft im Tischtennis wurde Thomas Kurfeß bei der Behinderten Olympiade in New York, er ist auch Deutscher Meister im Einzel und Doppel des Versehrten Tischtennis.
Gabriele Beyer gewann bei der Rollstuhlfahrer Olympiade 3mal Gold, 2mal Silber und einmal Bronze.

In diesem Jahr errangen Ulmer Sportler 5 weitere Deutsche Meisterschaften und 58 württembergische Meistertitel.

Hoffentlich fällt uns wieder so etwas
ein...
Regie Text
Bild

Lebensdaten

Wolfgang Hinz, Dipl.-Ing. (FH)
Text

1947 in Ulm-Söflingen geboren
1961 Schulabgang, anschließend Lehre als Positiv-Retuscheur mit Abschluß, mehrjährige Tätigkeit in Werbeagenturen als Retuscheur.
1968 Abschluß der Abendrealschule und Beginn des Studiums an der Ingenieurschule für Druck in Stuttgart. Als Ingenieur in der Werbeabteilung eines Ulmer Betriebes beschäftigt, seit 1982 in einem Großbetrieb der grafischen Industrie.

Herausgabe von Postkarten und Kalendern mit gezeichneten Ulm-Motiven. Mitarbeit an verschiedenen Publikationen im Bereich der kirchlichen Arbeit. Autor vorliegenden Buches, Autor des Bildbandes »Altes Ulm – heute«, Gedichtband »Allerlei gereimtes über Ulm«.

Sieger Köder, Pfarrer
Illustrationen

1925 in Wasseralfingen geboren
1943 Schulabgang mit Abitur anschließend Wehrdienst und Kriegsgefangenschaft bis 1945
1946–48 Besuch der Fachklassen Silberschmied und Ziseleur an der Höheren Fachschule in Schwäbisch Gmünd, Studium an der Kunstakademie in Stuttgart mit Abschluß als Kunsterzieher.
1951 in Tübingen Studium der Anglistik
1954–65 Kunsterzieher in Aalen
1965 Aufnahme des Studiums der Theologie in Tübingen und München
1971 Priesterweihe in Rottenburg Vikar in Ulm, Pfarrei St. Maria Suso Aus dieser Zeit stammt die Freundschaft zu Wolfgang Hinz.
1975 bis heute Pfarrer in Rosenberg und Hohenberg.

Aus seiner Ulmer Zeit stammen u. a. Kreuz und 5 Passionsbilder in St. Maria Suso, ein Wandteppich sowie Bronzereliefe ebenfalls in St. Maria Suso.

Literatur

Ulm, Garnison und Festung
Ulm, Stadtgeschichte
Ulm, Geschichte einer Stadt
Ulmer Forum
Ulmer Chronik
Ulmer Bilderchronik
1100 Jahre Ulm
Ulmer Theater 77/78
Kirchen und Klöster
Ausbau von Ulm
durch Ulm
Der Alte Friedhof in Ulm

Wolfgang Hinz

Altes ULM – heute

Bildband, 72 Seiten
177 Bilder, farbig
Format 20 x 21 cm
Leinenband mit
farbigem Schutzumschlag
(2. Auflage)

Der Bildband Altes Ulm – heute zeigt in vielen bunten Bildern auf 72 Seiten das alte Ulm vor 1945 und heute. Durch den Vergleich der Bilder, die jeweils von gleichen Standpunkten aufgenommen sind, läßt sich für den Betrachter leicht feststellen, welche Veränderungen das Stadtbild erfahren hat, wo historische Bausubstanz erhalten blieb und in welchem Rahmen Maßnahmen zur Erhaltung historischer Gebäude und Straßenzüge ergriffen wurden. Die Reihenfolge der Bilder, die Bildauswahl und die Beschreibung ermöglichen dem Leser einen kleinen Rundgang durch Ulm

Allerlei gereimtes über Ulm

Ausgewählt
und illustriert
von Wolfgang Hinz

Gedichte über Ulm,
Umfang 104 Seiten
Format 12,5 x 20,5 cm
über 40 Illustrationen